走遍世界很简单

ZOUBIAN SHIJIE HENJIANDAN

德国大探秘

DEGUO DATANMI

知识达人 编著

成都地图出版社

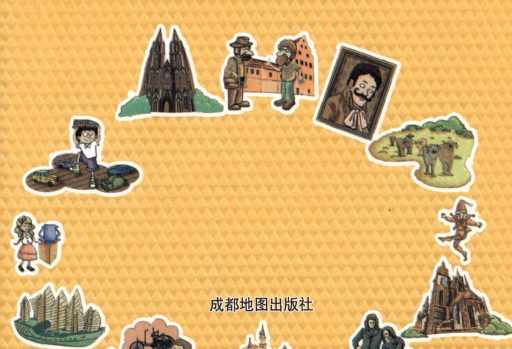

图书在版编目（CIP）数据

德国大探秘 / 知识达人编著 . — 成都 : 成都地图
出版社 , 2017.1（2022.5 重印）
（走遍世界很简单）
ISBN 978-7-5557-0267-2

Ⅰ . ①德… Ⅱ . ①知… Ⅲ . ①德国—概况 Ⅳ .
① K951.6

中国版本图书馆 CIP 数据核字 (2016) 第 079878 号

走遍世界很简单—— 德国大探秘

责任编辑：魏小奎
封面设计：纸上魔方

出版发行：成都地图出版社
地　　址：成都市龙泉驿区建设路 2 号
邮政编码：610100
电　　话：028 - 84884826（营销部）
传　　真：028 - 84884820

印　　刷：三河市人民印务有限公司
（如发现印装质量问题，影响阅读，请与印刷厂商联系调换）

开　　本：710mm×1000mm　1/16
印　　张：8　　　　　　　字　　数：160 千字
版　　次：2017 年 1 月第 1 版　　印　　次：2022 年 5 月第 5 次印刷
书　　号：ISBN 978-7-5557-0267-2
定　　价：38.00 元

前　言

　　美丽的大千世界带给我们无限精彩的同时，也让我们产生很多疑问：世界上到底有多少个国家？美国到底在什么地方？为什么奥地利有那么多知名的音乐家？为什么丹麦被称为"童话之乡"？……相信这些问题经常会萦绕在小读者的脑海中。

　　为了解答这些问题，我们精心编写了这套《走遍世界很简单》系列丛书，里面蕴含了世界各国丰富的自然、地理、历史以及人文等社会科学知识，充满了趣味性和可读性，力求让小读者掌握最全面、最准确的知识。

　　本系列丛书人物对话生动有趣，文字浅显易懂，并配有精美的插图，是一套能开拓孩子视野、帮助孩子增长知识的丛书。现在，就让我们打开这套丛书，开始奇特的环球旅行吧！

路易斯大叔

　　美国人，是位不折不扣的旅行家、探险家和地理学家，足迹遍布全世界。

多多

　　10岁的美国男孩，聪明、活泼好动、古灵精怪，对一切事物都充满好奇。

米娜

　　10岁的中国女孩，爸爸是美国人，妈妈是中国人，从小生活在中国，文静可爱，梦想多多。

目　录

目 录

米娜的父亲曾经因公事去过一次德国，父亲所描绘的德国城堡深深地吸引了米娜。

米娜经常将父亲带回来的德国旅游图片拿出来翻看。

那些有着尖尖屋顶和圆形结构的城堡建筑简直像童话中的世界，米娜不止一次想象自己在城堡中遇到了童话中的青蛙王子和白雪公主。

如果我也能去一次德国，该多好啊！米娜常常望着碧蓝的

天空想。

　　一天晚上，路易斯大叔突然来到米娜家，这让米娜十分兴奋又意外。路易斯大叔是旅行家，而且他喜欢带着孩子们出去旅行。有路易斯大叔陪伴，旅途一定会变得丰富多彩。

　　"难道路易斯大叔想让自己跟他一起去旅行吗？"米娜幸福地想。

　　这时她悄悄地在卧室门口听父亲跟路易斯大叔的谈话。

　　原来是爸爸邀请路易斯大叔带米娜去德国旅行的，米娜非常感动。

　　"爸爸，你真是世界上最好的爸爸。"米娜搂着爸爸的脖子笑着说。

　　"可是德国的气候怎么样，我该穿什么衣服去呢？"米娜迫不及待地问。

"傻孩子，德国位于北半球，纬度跟中国的东北三省差不多，只不过冬天没有那么冷。气温在零摄氏度以下的时候很少。你穿一件薄一点的毛衣，再套上小风衣就可以了。现在德国是秋天，不太冷。"爸爸提醒道。

　　听了爸爸的话，米娜将最漂亮的衣服统统找了出来。

　　"亲爱的路易斯大叔，还有谁跟我们一起去吗？"米娜问。

　　"哈哈，这个人你很熟悉，就是多多呀！"路易斯大叔笑着说。

　　"真是太棒了，我们明天就走吧，我现在去收拾行李。"米娜已

经等不及了。这一天，她已经等得太久了。

飞机在蓝天白云间像鸟儿一样穿行着，看着那些漂亮的云朵，米娜把自己想象成了一只高飞的小鸟。

"路易斯大叔，给我们讲讲德国吧！德国会不会像美国一样经常下大雪呢？"多多问道。

"其实德国的气候特征就像德国人的脾气一样，平稳温和，只是在每年的四月份可能会有暴雨、飓风、雪雹等。我们现在去的时间正好是德国最美丽最温和的秋天。"路易斯大叔说道。

"太好了，爸爸告诉过我秋天的德国像个童话中的花园，到处是美丽的鲜花、金色的树叶，特别漂亮！"米娜兴奋地说。

飞机开始降落，整个柏林一下子呈现在多多和米娜面前。各种建筑物在绿色的森林中若隐若现，仿佛整个城市都隐藏在了森林和绿地中。

"真像个绿色的大岛屿啊！看那个大湖，像个大浴盆。"米娜说。

"是啊，柏林一直被称作'森林与湖泊之都'，今天算是得到验证了！"路易斯大叔说。

飞机缓缓降落在柏林舍内菲尔德机场，一股清新的几乎带着甜味的空气让米娜和多多忍不住吸了吸鼻子。

路易斯大叔的表情更搞笑，他张大嘴巴，深吸一口气后，又张开嘴巴，使劲呼出去。多多和米娜看到他的样子，笑得前仰后合。

一辆奔驰跑车停在机场外，他们很快上了车。跑车载着他们在柏林的街道上飞驰，车速快得让人不敢呼吸。

街道真干净啊！米娜和多多感觉自己好像来到了世外桃源，森林、公园、湖泊，诗意的雕塑和高大的城堡，柏林简直就像画里的世界。因为车速太快，米娜和多多不能仔细欣赏沿途的美景。但就是这匆匆一眼，也让他们终生难忘了。

"看到柏林电视塔了吗，旁边还有一只鹰在展翅高飞呢！"路易斯大叔指着一座高耸入云的塔兴奋地说。

米娜和多多一下子被这座繁华而美丽的城市吸引了。来之前，多多脑海中的德国还是历史教科书中的样子，没想到呈现在他眼前的竟然是一个全新的、焕发着无限生机的国度。

现在德国的汽车、环保理念、德国牧羊犬、德国足球、德国啤酒都是赫赫有名的，德国正以崭新的面貌欢迎着世界各国人们的到来。

第1章

梦幻国王湖

　　一直听爸爸说德国司机的水平很高，今天终于亲眼目睹了。宝马、奔驰、保时捷等名牌车在高速公路上赛跑。高速公路成了标准的赛车场，多多大呼过瘾。

　　"这些司机开得这么快，难道不怕被罚款吗？"米娜不解地问路易斯大叔。

　　"这里的高速公路不限速。"路易斯大叔笑着解释。

"不限速？"这让多多非常吃惊。

满眼的绿色飞一样从眼前闪过，就像电影中的快镜头。而多多和米娜也感觉自己像在拍电影一般惊险而又刺激。

车子在一座造型奇特的小木屋旁停了下来。

"真像我的玩具小屋，像童话里的小木屋。看，屋子上面是三角形的，下面是圆形的，真漂亮啊！"米娜指着眼前的小木屋说。

"是啊，看远处那座高大的雪山，还有那绿色的湖水，看起来真像人间天堂！"多多也不觉感慨道。

经过路易斯大叔的讲解，他们才知道，原来这就是位于德奥交界处的德国最美的国王湖。湖面波平如镜，湖水清澈见底，湖光山色，美不胜收。

"雾气萦绕，青山绿水，我们仿佛来到了爱丽丝梦游的仙境，也

像日本动画片《千与千寻》里的美丽画面。"米娜
赞不绝口。

山环抱着水，水滋润着山，太阳毫不吝啬地将无限光芒洒在湖面
上，仿佛碎了一湖的金子。

坐着游船观赏是国王湖的传统游览项目，路易斯大叔买了三张门
票，等了大约半小时，他们才终于等来了一艘游船。

船长是个高大的德国人，他用标准的德语向游客们介绍著名的景
点，可是多多与米娜完全听不懂，但是他们却能感受到船长的亲切和热
情。绿色的湖水轻轻地荡漾着，像诱人的果冻，让人忍不住想吃一口。

正在他们尽兴欣赏时，船长突然拿
出一只长号吹了起来，山谷里很快回荡出
悠扬的号声。同游的一位中国老人竟然听

得热泪盈眶。

　　多多感觉很好玩，便也双手围着放在嘴边，大声吼了几声，于是山谷里到处都是奇怪的回音。正在他得意忘形时，德国导游气愤地来到他面前，对着他大声说了一通，但是多多一句也没听懂。

　　路易斯大叔赶紧过来解围，原来这是著名的回音壁，刚才德国导游告诉多多，不准大声怪叫，因为湖的附近有很多动物，它们听到怪叫声会受到惊吓。为了尽量不打扰这些动物，每次的开船时间要间隔半个小时。

　　多多听完后，感到很不安，也被德国人用心保护动物的行为所感动。

　　　　　　"看，那边有个红色的教堂。"有人喊道。

　　　　　　多多和米娜也发现了那座红顶教堂。"万绿丛中一点红。"米娜

脱口而出。

　　这座教堂造型非常新奇，红色的圆顶像个洋葱，半圆形的后殿分成对称的三部分。在无边的绿色的衬托下，这点红色非常引人注目。

　　"我在爸爸的照片上看过，这应该就是著名的圣巴多罗买礼拜堂。"米娜抢着说。

　　路易斯大叔笑着说："没错。这座礼拜堂历史悠久，兴建于12世纪，所以看起来那样古朴而又神秘。"

　　船慢慢靠岸，多多和米娜迫不及待地下了船。坐在树荫下，吃着可口的美食，欣赏着世外桃源般的美景，多多和米娜完全陶醉了。

　　"为什么这里叫国王湖呢？我好像没看到国王啊！"多多疑惑地问。

路易斯大叔告诉他们，国王湖是因为湖区有座国王山而得名，国王山后还有座皇后山。周围的那些小山自然就成了国王和皇后的子民了。

"这湖水就是皇后和国王幸福的眼泪吧！"米娜笑着说。这的确很像童话世界里的故事，让人浮想联翩。

"哈哈，你们知道国王湖是怎么形成的吗？它可是在最后一个冰川期由冰川形成。这里的湖水可是由很深的地下水汇集形成，所以即使在夏天也很凉哦！"路易斯大叔像导游一样解说道。

这是德国最干净的湖，湖上所有的游船都是用电力驱动的，这是绿色环保能源，没有污染。德国人很爱惜这个湖，即使在附近山区，也不允许建设任何工厂。

"你们想吃点什么？"

路易斯大叔问道。

"我想吃鳟鱼，就是刚才多多想要抓的那种。"米娜兴奋地说。

国王湖里生长着各种各样的鳟鱼，当地的居民喜欢将鱼腌制后再食用。鳟鱼是这里非常有名的特产，米娜吃了很多。

回酒店的路上，他们还见到了很多牛。可以说，牛才是这座山谷的真正主人，它们悠闲自得地边走边吃草，偶尔抬头看看蓝天白云，它们的日子过得真惬意啊！这些牛点缀在绿水青山之间，形成的画面那样自然和谐而又富有诗情画意。

路易斯大叔说，国王湖周围还有希特勒的茶室——鹰巢，以及耶那峰、瓦茨曼峰、拉姆稍教堂、魔法森林、盐山等。

"魔法森林，这个我们一定要去看看。"多多对"魔法"两个字特别感兴趣，也许是看《哈利波特》看多了，他或许还想在这里找一根魔杖吧！

国王湖的形成

　　国王湖位于德国和奥地利交界的小镇贝希特斯家登的旁边，是德国阿尔卑斯山地区最优美的一个景区。它是在最后一个冰河时期由冰川融化形成的，这是一个因为冰河侵蚀而形成的湖泊。湖水波平如镜，像一块美玉，平均水深约98.1米，最深处大约190米，这是德国最深和最干净的湖泊，国王湖几乎完全被阿尔卑斯山脉环抱，因湖水清澈而闻名。所以，只允许脚踏车在湖边穿行，电动船、手划船在湖中航行。

第2章

魔法森林

　　魔法森林位于国王湖景区附近。森林的一头，是一条小巧精致的小溪。去魔法森林前，多多和米娜脑子里充满了各种神奇的想法。

　　"森林里会不会有魔法师呢？魔法师的帽子一定很神奇吧！如果有的话，我想借他的魔法棒试试。"多多说道。

　　"哈哈，会有的，还会有神奇的乌鸦呢，乌鸦会给你意想不到的惊喜。还有高高的帽子、穿靴子的猫、神奇的小木偶等等，你会到一个童话世界去旅游。"米娜说。

　　下车后，多多和米娜跟着路易斯大叔徒步走进魔

法森林。阳光照在那些高大的树木上，树木
的影子在小路上不停地变换和移动。突然，多多感觉
有一只鸟飞到自己头上，他正想去抓住它，没想到那只鸟又突然飞
走了。

"多可惜啊，这只鸟一定会魔法，它是专门来迎接我们的。"
多多说。

"呵呵，那是一片被风吹下来的大树叶，你不要胡思乱想
了。"路易斯大叔笑着说。多多听到这话也不好意思地笑了。

他们继续沿着林间小路往前走，一阵水声传过来。他们顺着水
声找到了那条清澈的林间小溪。溪水像白云一般翻卷着，被冲洗得

干干净净的石头奇形怪状，各种野花随意地开着，好像在比谁更美丽。

魔法森林其实位于后湖和拉姆绍之间，是一片有着3500年历史的原始森林和河谷。大约3500年前，很多石头从旁边的山脉被暴雨山洪冲下，将整个山谷隔绝。从国王湖后湖中流出的河水，用了千年的时间慢慢地冲蚀，从而形成了这片梦幻般的森林。

森林里到处是叮叮咚咚的水流声，米娜问道："这里水流为什么那么响呢？有些石头上为什么会长满白色的东西呢？"

路易斯大叔解释说："这里的溪水是阿尔卑斯山的高山水，钙质多，所以在流经的石路上有厚厚的雪白的东西。这里的水不是太清，但是流起来却很有气势。"

这时多多听到了机器的轰鸣声，顺着声音，他们找到了一座小木屋。眼前的一切让他们目瞪口呆，这次他们仿佛真的来到了梦幻般的世界。这时，多多想到了《巧克力工厂》，而米娜则想到了中国的小木偶。

小木屋里的木偶们有的在伐木，有的在游戏；有的忙得热火朝天，有的玩得很尽兴。旁边的机器在不停地转动，这里完全成了一个木偶的世界。多多忍不住去摸了摸那些小木偶，米娜仿佛听到了木偶们对话的声音。在如此幽静的森林里，这简直就是一座魔法屋。

"这里一定会有魔法师吧，否则是谁将这些木偶安排得这样井然有序呢？"米娜好奇地问。

多多仔细研究才突然发现是下面的水车在利用流水的冲力，带动上面这些小木偶。多多想：这里的人真聪明啊。走着走着，突然下

起了小雨。淅淅沥沥的小雨让树木更加郁郁葱葱，各种鸟儿在林间唱歌，偶尔还能听到一些小动物的啼叫声。

"我们快走吧，看那边好像起雾了。"路易斯大叔说。

林中的雾气越来越重，多多和米娜感觉自己掉进了一个巨大的陷阱中，多多甚至期待能碰到一个小仙女一路同行，可惜没有。

从魔法森林走出来，就看到了拉姆绍小镇。这个小镇简直得天独厚。森林虽然没有了，但小溪水却一直跟着他们。他们一时弄不清哪个是梦境，哪个是现实。

米娜不禁说道："德国竟然还有如此自然而又神秘的森林呀！"

路易斯大叔告诉他们，德国人很爱自然，他们会顺其自然地让植物生长，而不会过分地去破坏和改变它们生长的环境和姿势。德国森

林面积很大，占全国面积的30%，也就是说，有1100万公顷呢。米娜和多多终于明白森林里为什么会有那么多稀奇古怪的树了，大自然的神奇以及德国人的保护让这些树可以幸福而自由地生长。

"我想在这里钓鱼！"多多突然说。

"这可不行，在这里不能随便钓鱼，钓鱼要有执照，哪种鱼可以钓，哪种鱼不可以钓，都是有严格规定的。"路易斯大叔说。多多和米娜终于明白，人类只有与大自然和谐共处，大自然才会带给人们仙境般的世界。

第3章

疯狂啤酒节

　　德国慕尼黑啤酒节是世界上最大的传统民俗节日之一，在这一天，人们可以尽情地畅饮狂欢。世界最具盛名的三大啤酒节是英国伦敦啤酒节、美国丹佛啤酒节和德国慕尼黑啤酒节，它们在世界各国可谓家喻户晓。

　　多多和米娜更是兴奋异常，他们感兴趣的不是啤酒，而是那些又刺激又好玩的游乐项目，而路易斯大叔的目光却集中在大桶大桶的啤

600万升

100头

8.3亿欧元

50万只

酒上。

　　当天是慕尼黑啤酒节第一天，多多和米娜在费里斯转轮上俯视啤酒节现场。啤酒节现场人山人海，场面非常壮观。

　　慕尼黑啤酒就因为其独具魅力的味道而吸引几百万的人来参加。每届啤酒节，慕尼黑要投入约600万升啤酒、50万只鸡、100头牛，同时可以换来8.3亿欧元的收入。只看这些数字，你就会被慕尼黑啤酒节所吸引。

　　啤酒节上有各种各样的具有民族特色的庆祝活动，既有牵着奶牛的牧童，也有鹤发童颜的老翁，他们穿着盛装来到啤酒节现场，有的还载歌载舞，让人目不暇接。这里有各种各样的啤酒帐篷，每个帐篷里都热闹非凡。当然，这里还有很多"啤酒公园"，在大自然中畅饮啤酒，德国人是不是很浪漫啊！

　　多多、米娜偷偷溜到了游乐场，这里有高高的大转轮，有刺激的高空旋转木马，还有让人心惊肉跳的亚洲恐怖宫。

在高空旋转木马上，多多和米娜第一次感受到飞翔的感觉。他们又喊又叫，既紧张又害怕。

他们疯狂够了，才想到要去找路易斯大叔。可是到处都是人，哪里有路易斯大叔的影子啊！

用陶罐子和大玻璃杯喝酒的狂欢者穿着各式各样的民族服装，美丽、优雅、迷人。多多和米娜急匆匆地在人山人海中穿行，不小心

碰到了一位端着10大酒杯啤酒的姑娘，这可闯了祸，啤酒浇到了很多游客的身上。多多吓得不敢出声，人群中出现吼叫声，米娜吓得头皮都麻了，还好那些人只是围着他们狂欢，笑着闹着，并没有责备的意思。这下两个人才放了心。终于在人群中发现了路易斯大叔的影子，米娜和多多赶紧跑过去。

"路易斯大叔，慕尼黑为什么要举办如此隆重的啤酒节呢？"找到路易斯大叔后，多多首先发问。

路易斯大叔告诉他，慕尼黑啤酒节可以追溯到1810年，当时为

了庆祝巴伐利亚加冕王子路德维希和特蕾莎公主结婚，举行了为期5天的庆祝活动。人们聚集到慕尼黑城外的草坪上，又是唱歌，又是跳舞，有的则观看赛马、痛饮啤酒等。这个活动当时很受人们欢迎，于是便流传至今。后来，每年9月的第三个星期六至10月的第一个星期日就被确定为啤酒节。

"慕尼黑哪有那么多啤酒呢？"米娜问。

"慕尼黑已经有八百多年的历史，这里气候温和，物产丰富，环境优美，盛产酿制啤酒的植物原料，因此啤酒酿造业十分发达。"路易斯大叔回答说。

米娜自言自语地说："怪不得这里被称为'啤酒之都'呢！"

看着那些在街头载歌载舞、拿着啤酒杯的游客，多多感觉能参加如此重大的节日简直是幸运极了。

啤酒为什么被称作"液体面包"？

啤酒被称作"液体面包"，是因为啤酒含有丰富的维生素和矿物质，它是由优质小麦与矿泉水制成的。另外，啤酒的热量很高，能给人补充能量，所以被称作液体面包。啤酒是德国人最爱喝的饮料，据说德国每人每年平均要消耗掉大约130升的啤酒。德国啤酒的成分很特别，是由大麦芽、啤酒花、水和酵母组成。等大麦发芽后，马上进行加热，然后过滤，加上啤酒花后再继续加热，就成为浓缩啤酒液。这种浓缩液冷却后，再往里面加入水和酵母，最后装入发酵瓶中。这样经过5到8天的时间，新鲜啤酒就制成了。

第4章

古城堡历险记

德国是世界上拥有城堡最多的国家，大约有1000多座，所以被称为"城堡之国"。每一座城堡都有一个童话故事，非常让人着迷。

来到德国，如果不去城堡看看，那将是最大的遗憾。德国最著名的城堡是新天鹅堡，也叫白雪公主城堡，它是德国的象征。

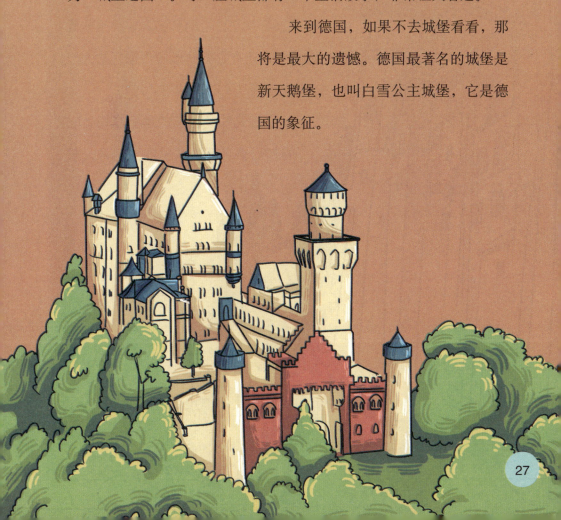

多多和米娜坐在去往新天鹅堡的火车上，一路欣赏着外面的美景，那些如梦如幻的景色让人目不暇接。想象着童话中的故事，他们对新天鹅堡充满了无限期待。

到了目的地后，他们来到了这座城堡跟前。

这座城堡背靠着阿尔卑斯山脉，下面是一个大湖泊，像一个威严的古代骑士，屹立在三面绝壁上。

"哇，这里太美了，一定是古代公主和王子的宫殿吧！"米娜羡慕地说。

"我最喜欢它白色的装饰，婷婷玉立犹如白雪公主，还有它圆柱形的尖顶，给人一种梦幻般的感觉。"多多也赞不绝口。

新天鹅堡建于19世纪晚期，它的外形很奇特，城堡的顶部像一枚

枚火箭直插云霄。

"为什么叫新天鹅堡呢？"米娜好奇地问。

"这个名字来源于中世纪关于鹅骑士的传说，这座著名的城堡是当时巴伐利亚国王路德维希二世亲自参与设计的。国王本身酷爱艺术，喜欢歌剧，他梦想着建造一座白雪公主曾居住过的城堡，于是便请人绘制了建筑草图。生动的天鹅图，美妙的天然景物，静静的湖水，一尘不染的空气，这一切都有着梦幻般的神话色彩。这座城堡耗尽了路德维希二世的全部心血，可惜他生前并没有看到自己的梦想实现，他完全没有想到这座他当初亲自

设想的城堡每年会迎来百万游客。"路易斯大叔解释道。

这座城堡最大的特色是与自然融为一体，城堡在不同季节中有不同的风貌。远远望去，这座美丽而具有童话色彩的城堡，仿佛是大自然中突起的一座巨大宫殿，里面装满了神话。城堡与自然的和谐，让人感觉城堡就是大自然的一部分。

城堡内豪华绚丽，柔和的灯光照在路德维希二世哥德式的木雕床上，那是14名木匠花了两年的时间才完成的。

突然，多多不小心碰到了一只天鹅，天鹅很生气地在他头顶拍打翅膀，仿佛在跟他宣战，多多不断地说"对不起"。可是天鹅好像并没有原谅他，正在他不知如何是好时，才发现那是幅画着天鹅的壁画。

城堡内到处是有关天鹅的装饰，对路德维希二世而言，天鹅象征着纯洁，所以这里才被叫作新天鹅堡。

城堡内的装饰看起来是那样逼真而又神秘。巨大的天花板，金灿灿的大皇冠，一切都是那样奢华，传说中的宫殿也莫过于如此吧。

看了介绍以后，多多和米娜才知道，城堡还未全部完工，路德维希二世便莫名其妙地离开了人世。唯一可安慰的是，他曾经在城堡中住了170天左右。

路易斯大叔一行三人去参观的这一天，新天鹅堡恰好烟雾萦绕，站在高处观望，新天鹅堡就像是天上的一座神奇的迷宫。不知道大家有没有看过动漫《圣斗士星矢》，其中有个哈迪斯城堡，而这个哈迪斯城堡的原形便是多多他们看到的新天鹅城堡了。

紧接着，他们来到了新天鹅堡的顶部。站在塔顶看周围的景色，更让人感觉如在仙境。

后来他们又去了一些废弃的城堡，这些历史悠久的古老城堡在当年的岁月里大多是用来防御的，因为古时侯战争频繁，皇宫往往要建成城堡的形状，兼有防御的功能，就像中国的故宫和颐和园等。

第5章

浪漫海德堡

海德堡位于美丽的内卡河边，这里不仅风景优美，而且有欧洲"硅谷"之称。古老与现代，绿色与荒芜，沧桑与繁华，这座城市仿佛是上帝遗留下来的一颗珍珠，让人过目不忘。

德国虽然是汽车工业高度发达的国家，但是其境内的自行车却占有很大比重。在德国的大街小巷，你总能看到骑着自行车的公务员、旅行者和学生，他们自由自在地骑着漂亮的自行车，给人一种潇洒而飘逸的感觉。在海德堡，骑自行车观光是再好不过的选择了。

公园里、马路边经常停放着整整齐齐的自行车，只要将硬币投在旁边的一个箱子里，就可以骑上自行车游览了。多多和米娜租了一辆两个人骑的学生自行车，车子小巧玲珑，骑起来很方便。路易斯大叔则租了一辆单人自行车跟在他们的后面。

他们骑着自行车在青山绿水、白墙红瓦中穿行，仿佛在画中游览一般。这是一座有着800多年历史的古城，就像一个饱经沧桑的老人，经历了太多的风风雨雨。

"这里真美啊！碧绿的山谷，清清的河水，古朴的石桥，美丽的倒影，还有像积木一样的有红顶蓝顶白墙的老房子。"米娜陶醉地说。

"看那些朝气蓬勃的青年学生，他们一定是海德堡大学的了。我曾看过关于它的资料，据说海德堡大学是德国甚至欧洲的重要科研基地。近代以来，又发展成为自然科学研究的重镇，从海德堡大学走出了几十位诺贝尔奖获得者。我长大后也要来这里读书。"多多看着那些青年学生

说。

　　一想到自己非常崇拜的哲学大师黑格尔也曾在海德堡大学读书，多多便对这所大学充满期待。

　　他们骑着自行车潇洒地向着心目中的圣地海德堡进发，虽然旅途很劳累，但他们却被这里的安静、优雅和美丽所深深吸引了，他们甚至忘记了自己身在何方。

　　天色越来越晚，他们必须快些了，否则就要在海德堡的古老宫殿里睡一晚了。眼看海德堡城堡就在眼前，他们加快了速度。

突然，多多和米娜看到了冲天的火光，好像城堡着了火一般。

"难道这里发生了火灾？快去救火。"多多边喊边示意米娜和路易斯大叔往前冲。

此时，多多已经冲到了城堡门口，这时，他才看清，冲天的火光原来只是一场烟火表演。

这是火烧城堡活动，每年他们是秋天来德国旅行举办三次，分别是六月、七月和九月的第一个星期六晚上。而路易斯大叔、多多和米娜三个人正好赶上了这最后一场"好戏"。这个壮观场面几乎让多多回到了古代的战场中。这时，他们看到美丽的烟花在盛开，一朵朵璀璨的花儿代表着和平和美好。这也许正是海德堡人对历史的铭记和对和平的珍惜吧！

看着路易斯大叔和米娜，多多有些不好意思地说："一场误会，原来只是一场烟火表演而已。"

那天晚上，他们在海德堡附近的宾馆里尽情地享受着与大自然融为一体的微妙的感觉。晚上的海德堡像一个灯火通明的美丽宫殿，多多和米娜不知道该用什么词来形容它的神奇。

第二天一早，他们参观了海德堡城堡，这是一座红褐色的古城堡，曾经是选帝侯官邸。城堡的颜色源于红褐色的内卡河砂岩，它是修建城堡的重要材料。其复杂的内部结构让人惊叹不已，比如说它的

防御工事、居室和宫殿等等，设计都很独特。虽然有些断壁残垣，但正是这些残缺，才让这座城堡更具有历史感。

马克·吐温曾经说："残破而不失王者之气，如同暴风雨中的李尔王。"可见，残破更体现了这座城堡的高贵典雅与霸气。

城堡地下室里有一个巨大的陈年酒桶，这个酒桶像传说中的巨人一样，据说是世界上最大的木质葡萄酒桶。这个酒桶里一定藏着酒仙吧！多多想。

这里还有药品和艺术博物馆，但最著名的还是选帝侯博物馆，在这座位于老城主街的博物馆里，多多和米娜发现了15至17世纪的美术作品和当时贵族的生活用品。更让他们惊奇的是，这里还陈列着1907年在海德堡附近发现的原始人类化石——"海德堡人"

化石，要知道，这化石距今已经有大约50万年的历史了。

米娜吃惊地说："这化石的牙齿如此锋利，而且完好无损。它看起来好像中国古代旧石器时代的人！"

一座博物馆就是一座城市的历史，在这里，他们看到了当年海德堡人的生活情景。

看着城堡内那些逼真的雕塑，他们仿佛看到伟大的诗人歌德正在奋笔疾书。歌德曾经8次来到海德堡，他醉倒在了这片神奇的土地上。海德堡偷走了歌德的心和灵魂。

"我的心也被偷走了。"多多笑着说。

登上古堡的平台俯瞰整个城市，青山环抱着红色蓝色的坡顶，白墙红瓦，静静的流水，古老的石桥，一切都如童话一般。

海德堡大学里的监狱

大家都听说过监狱，但一定没听说大学里也有监狱，海德堡大学就有一座学生监狱。这座监狱建于1912年，校方常常用来处罚调皮的学生。当时凡是酗酒、打架斗殴，或者严重违反校规的学生，都被关在这里。这座监狱的饮食虽然很简单，只有面包和水，但是比较开放，白天的时候学生还要按时上课。所以很多学生认为这里是"乐园"，他们有时候故意违反校规，希望来到这座监狱"服刑"。校方考虑到这种监狱的弊端，仅用了两年便很快关闭了。

40

第6章

汽车总动员

多多喜欢研究车，他有很多车模，都是爸爸妈妈出差回来买给他的。多多的爸爸也是个汽车迷，通过爸爸订的汽车杂志和大量车模，多多知道了德国车的厉害。

每次街道上驶过奔驰、宝马等德系车，他便会盯着看，直到汽车消失在他的视线里。他知道这些车都是德国制造的，所以来德国看车是他的一大梦想。

这一天，路易斯大叔带他们去见识了一位高大的德国司机，据说这位司机的驾驶技术极高。他将开车带三人去参观德国汽车博物馆。

"做好思想准备，系好安全带，我们出发。"这位德国司机用不标准的英语说。米娜冲着司机笑了笑，乖乖地坐到了车子后面。这是一辆崭新的宝马车，最高时速可达220千米，下面他们就要体验真正的飞车了。

坐在舒适的座椅上，多多感觉舒服极了。车子飞驰起来，他感觉自己也飘了起来，有点失重的感觉。这时的车速是每小时180千米，可是多多已经感觉自己像火箭头一样被射了出去。他看了一眼米娜，发现她紧闭双眼，紧张极了。米娜好像要哭了，她的脸涨得通红，多多也为米娜担心了好一阵。

一排排树木闪电般一晃而过，他们感觉自己仿佛已经飞离地面，正在向太空飞行。

德国不愧是汽车大国，连德国

司机的驾驶技术都如此精湛。在不限速的高速公路上，德国司机虽然开得很快，但德国的交通事故发生率却很低。

当天下午，司机带他们去参观了德国汽车博物馆，让他们大开眼界。据统计，德国大概有170多家汽车博物馆，在欧洲首屈一指。

在慕尼黑的奥林匹克公园附近，有一幢22层、由四个圆柱形塔楼组成的现代银灰色高楼，这便是德国宝马公司总部大厦，四个塔楼象征着发动机的四个气缸。

在汽车总部旁边就是德国宝马博物馆了，这是一座造型奇特的建筑物，呈碗形，描着蓝白相间的"BMW"宝马圆形徽记的屋面让人过目难忘。

博物馆虽然不大，但麻雀虽小，五脏俱全。

"看那些帅气的摩托车和军用飞机，原来宝马以前还生产过摩托车啊，这些摩托车真帅啊！"多多惊叹道。读着旁边的讲解文字，多多更知道，原来在战争期间，德国宝马公司还生产过很多军用飞机。

博物馆内还存有很多多媒体音像资料，这些资料向游客们生动地再现了宝马车的成长与发展历程，让人看得心潮澎湃。多多激动地

跳起来，连对汽车不太感兴趣的米娜也激动万分。

当看到第二次世界大战期间被破坏的工厂记录时，多多不禁潸然泪下。

"宝马公司就像宝马车一样顽强地坚持下来，他们虽然经历了很多的风风雨雨，但经过不断地改进和创新，终于在世界汽车市场中脱颖而出了。"路易斯大叔也感慨道。

是啊，正是因为它设计精巧、安全性高、动力性好，所以才被称为"驾驶者之车"，这也是它深受车迷喜爱的原因。

在德国司机的指引下，他们还参观了汽车加工厂。看着那些高科技的产品和机器人操作的车间，多多信誓旦旦，自己长大后也要成为一名汽车制造商。

随后，他们又去了世界上资格最老的汽车生产厂家——奔驰公司。奔驰公司创建于1926年，其创始人是被誉为"汽车之父"的卡尔·本茨和戈特利布·戴姆勒，它的总部设在德国的斯图加特。

在奔驰汽车博物馆里，他们看到了奔驰汽车120多年的发展历史。奔驰汽车虽然产量不高，却以生产高品质、高性能的豪华轿车而闻名于世。在这里，他们还看到了很多奔驰牌的大客车和重型载重汽车。

"多多，你那么喜欢汽车，那你知道世界上第一辆三轮汽车是谁造出来的吗？"路易斯大叔要考考多多。

"当然知道啦，是卡尔·本茨，他在1886年生产了全球第一辆三轮汽车，将其命名为'奔驰'，因此他被称为'汽车之父'。"

路易斯大叔满意地点了点头。

了解了这些汽车的发展历史后，多多对汽车更加热爱了。"我长大后一定会设计出一种更高级的无人驾驶汽车，这种汽车能在水里和空中飞驰，而且不用汽油。"回去的路上，多多美滋滋地想。

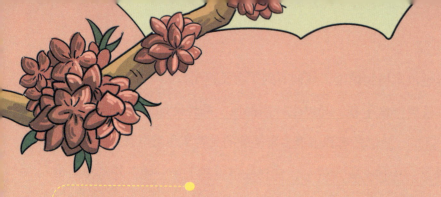

第7章

邂逅贝多芬

对于喜欢音乐的多多来说，贝多芬大师一直是他的偶像。在多多的一再央求下，路易斯大叔决定带他们去贝多芬的故乡波恩看看。

位于莱茵河中游两岸的波恩文化古城，有着2000多年的历史，其北面距科隆市仅21千米。从飞

机上往下看，整个波恩就像被包围在绿色的海洋中。

来到波恩，首先感觉到的是空气的清新，安静的街道和郁郁葱葱的树林。而坐落在市中心的大教堂尤其引人注目，它建于11世纪至13世纪之间，顶端有96米高的方形塔，这座大教堂被视为波恩的象征。当然，这座教堂也体现了德国的建筑特征——神秘的城堡风格。

路易斯大叔告诉他们，波恩市人口30多万，全市有大小公园、街心公园1200个之多，占地面积达490多万平方米，全市有三分之一的绿化面积，是欧洲绿化最好的城市之一。

这里才是真正的天然氧吧。

波恩有一条著名的樱花大道，三人走在大道上，感觉像是在花海中穿行。

"要小心啊，不要惊醒了这些花仙子。"米娜小声地对多多说。

"哈哈，这些花真美啊！你是不是也想变成这里的花皇后啊？"多多调侃道。

夜晚很快来临，路易斯大叔故作神秘地说要带他们去一个地方，两个孩子非常好奇，不知道路易斯大叔要带他们去哪里。很快，他们被路易斯大叔拉着来到一个广场，广场上人山人海。这时，音乐突然响起，居然是有名的贝多芬交响乐。更让人震惊的是，广场上的喷泉

随着音乐声的此起彼伏而变幻着美丽又奇特的形状。

各种魔幻般的神奇画面一一呈现在了多多和米娜眼前，他们恍如在梦中。

"这是哪里啊，我仿佛看到了贝多芬，他正在演奏，还朝我微笑呢！"多多含糊不清地说。

这时，只见美丽的烟火点燃了夜空，曲子在高潮处戛然而止。原来这是波恩著名的贝多芬音乐节的水幕表演，简直太真实了。多多完全沉浸在这场表演中，他感觉这就像一场贝多芬的音乐会。

波恩是贝多芬的故乡，因此每年都要举办一次纪念贝多芬的"波恩贝多芬音乐节"，节日从每年的9月20日开始，一直到10月15日结束。音乐节主要演奏贝多芬的代表作品和古典浪漫派作品。

第二天，他们又参观了贝多芬故居。这个离波恩市政广场很近的三层小楼曾经过多次修葺，但是多多还是从里面看到了贝多芬当年创作的痕迹。这位音乐天才在这里度过了22年的时光，美丽如画的莱茵河给了他创作的灵感。

贝多芬故居有11个展厅，详尽介绍了贝多芬的一生。在一楼门厅内，有一尊古铜色的贝多芬半身塑像。多多看着贝多芬微微扬起的头和那双炯炯有神的眼睛，忍不住用手轻轻摸了摸这个铜像，多多好像看到了当年他与命运抗争的坚定神情。展厅内，贝多芬用过的一架老式钢琴和几把破旧的小提琴让多多激动不已。而玻璃橱里那只简易陈

旧的助听器，更是让游客们真正聆听到了贝多芬的声音，感受到了这位大师的英勇无畏。

三楼有一间不到十平方米的小房间就是贝多芬的卧室，现在室内的陈设已面目全非，发黄的墙壁上有几幅贝多芬幼时和少年时代的画像。

"看这些画像，我能想象出贝多芬当年的一言一行，一举一动。"多多指着那些画像说。

现在，房子内部已经修改成贝多芬纪念馆，里面展示着贝多芬的遗物、资料、画像等等。多多看到了交响乐第六号作品《田园》等乐谱，这对于他来说可是最好的礼物。

26岁听力开始衰退的贝多芬，到45岁时，耳朵已经完全失聪。这对于酷爱音乐的他来说，等于宣判了死刑。但执着的贝多芬却"扼住了命运的咽喉"，他用一根小木杆，一头插在钢琴箱里面，一头用自己的牙咬住，这样他在作曲时便能听到声音。正是凭着这样的毅力，他完成了《第九交响曲》。

在贝多芬故居里，多多和米娜被深深地感动了。一代伟人虽然已经走了，但他的精神却给后人很多的鼓舞。

望着这栋小楼，多多和米娜深深鞠了一躬。

随后，他们又去了莱茵滨草公园，想必当年的贝多芬也经常游览这座风景秀美的公园，并在这里谱写乐曲吧。

在贝多芬故居里，多多的耳边一直响着贝多芬的交响乐。这些交响乐是那样铿锵有力，它仿佛在向人类诉说着生命的传奇和奋斗的奇迹。在这座小城里，他们处处能感受到贝多芬的存在，因为他的音乐无处不在。

"去波恩大学看看吧，我好喜欢这所大学。"米娜提议道。

他们徜徉在美丽的波恩大学校园里，看着那些匆匆忙忙的学生，米娜和多多把自己也想象成了他们其中的一员。

第8章

吕根岛奇遇

吕根岛是德国最大的岛屿，位于德国东北部，它仿佛一座世外桃源般静静地泊在波罗的海的怀抱间。吕根岛南北最长处约为52千米，总面积约926平方千米，海岸线总长约达574千米。

路易斯大叔特别喜欢这座小岛，当路易斯大叔

给米娜和多多讲到美丽的白垩岩、新石器时代的巨大石像、希特勒时的烂尾楼时，多多已经按捺不住自己激动的心情了。于是，路易斯大叔带着他们坐上租来的越野车，决定到吕根岛去亲自参观一下。

　　一座又一座的岛屿出现在两个孩子的眼中。路易斯大叔指着最大的那个岛屿说："那里便是吕根岛。"远远望去，一座高大的白垩岩像一把尖刀直插入海面。那片雪白的岩石在阳光下那样刺眼，仿佛童话中的世界，而此时的海水则像蓝色的魔镜。

　　"这是白雪公主的世界吗？这岩石怎么会这样白呢？"米娜好奇地问。

　　路易斯大叔解释道："吕根岛的白垩岩是一种非常细小而纯净的

粉状灰岩，这是石灰岩的一种。这里生产加工的白垩岩粉还是一种天然的美容产品。除此之外，吕根岛上还有一条长达近千米的银色海滩。"

米娜和多多兴奋地来到岛上，大片大片的油菜花像一幅油画一样美得惊人。一群白鹭掠过油菜花飞向蔚蓝的天空，几只小鹿在静静地吃草，偶尔抬头看看他们。多么安静的一座小岛啊！

岛上行人很少，只有无边的绿色、黄色与安静覆盖着这座小岛。路易斯大叔忙着不停地拍照，多多和米娜也在不知不觉中完全沉醉于美景之中。

一路上，他们兴奋地边走边看。他们看到了新石器时代的庄严石像，石像是那样逼真，仿佛让人看到了当时的人们正在深沉地望着这片神奇的土地。

走在林间的小路上，各种小动物自由地走来走去。多多发现这里的小动物胆子都特别大，它们眼里根本没有游客，仿佛这里是它们的领地，而游客的到来反而让它们很厌烦。这样想着，多多和米娜再遇到小动物的时候，便绕道而行，他们不想打扰这些小家伙们。

在路易斯大叔的带领下，他们来到了吕根岛南部。南部没有北部的悬崖峭壁，有的只是平坦和宁静。他们参观了岛上神秘的巨石墓穴，路易斯大叔告诉他们，如果能捡到幸运物——鸡神石，就能找到幸

福。于是米娜和多多边走边卖力寻找着。

"看那只大鸟，多悠闲啊！"多多突然喊道。

"那是鹳，呵呵。"路易斯大叔说。

米娜和多多第一次近距离地看这种像鹤但没有红顶的鸟，不觉感到很自豪。

他们继续前行，来到一块废弃的角落，据说这是岛上的"小鼠角"，传说曾有一批受到诅咒的孩子变成小老鼠逃到了这里。

"如果传说是真的，你会变成一只小老鼠吗？"米娜笑着问多多。

这时他们仿佛看到了很多小老鼠正朝他们跑来，这里简直就是魔法之地啊。

"路易斯大叔，那个长长的像火车一样的建筑是干什么的，怎么窗户都一模一样啊？"多多好奇地问。

"这是二战期间希特勒的'杰作'，他在这个美丽的岛屿上，为部队建造了这座长4.5千米、能满足两万人同时度假的度假村，这是世界上最长的建筑群。当时由战犯和劳工用了3年的时间才完成，可是现在却成了烂尾楼。"路易斯大叔说。

他们好奇地走了进去，却发现房间很小，好像纳粹集中营，每个房间格局都一样，千篇一律。

米娜暗想：怪不得会成为烂尾楼呢，这怎么能住人呢？

走过一段土坑和石路，穿过一段树丛和灌木，他们再次来到海边。看着海边沙滩上赤脚奔跑的游客，米娜和多多兴奋地脱掉鞋子，高兴地去挖砾石。

"啊，我找到了一颗鸡神石。"米娜高兴地手舞足蹈起来。

原来鸡神石是一块由海水自然冲刷出来的有小孔洞的石头啊！虽然多多有些失望，但还是为米娜祝福，希望这块石头能带给她永远的幸福和快乐。

第9章

科隆狂欢节

时间过得飞快，不知不觉多多一行来德国已经两个多月了。米娜有些想家，做梦的时候竟然梦到自己回到了父母身边。早上起来，米娜眼圈有些发红。"怎么了，孩子，想家了吗？"路易斯大叔一眼便看穿了米娜的心思。

"孩子们，我今天带你们去狂

欢，大叔保证你们会非常开心。"路易斯大叔边吃面包，边笑着说，面包屑飞了一地。多多看了看日历，今天刚好是11月11日，这是个他们期待已久的日子，这一天是德国最热闹的科隆狂欢节。

　　每年的这一天，被选出的"王子"、"农民"和"少女"就会来到市政厅和市长见面，同时还有仪仗队表演，狂欢节正式拉开序幕。

　　德国的狂欢节开始于11月11日，一直到第二年复活节前40天才结束，也就是说持续时间达两三个月呢。但它的高潮是在最后一个星期，特别是这个星期的星期日、星期一和星期二。在这三天里，人们可以尽情地狂欢。

　　而在德国狂欢节中，尤其以科隆狂欢节最为热闹，其程度仅次于巴西狂欢节，场面非常壮观。多多、米娜和路易斯大叔被夹在人山人

海中，观赏着这一盛况。

"看那些戴面具的人，真有意思呀，有的头上插着红色的羽毛，有的长着长长的红鼻子，有的脸上还戴着怪兽的面具！"米娜高兴地说。

多多也完全被这种狂欢的景象吸引了，他随着周围的人用力喊"给糖"、"给花"，当游行队伍中有人撒糖时，多多总是第一个抢到。

多多发现，节日期间，整个科隆几乎大街小巷都是身穿奇装异服的人群，而活动期间，德国所有的商业活动竟然一律暂停。

多多和米娜正看得神采飞扬时，突然一个怪兽装扮的人来到了他们跟前，只见这个带着面具的"庞大怪物"在他们身边跳起了疯狂的舞蹈，一会儿这个家伙又变魔术般换了一个装扮。动作很快，米娜和多多都没有反应过来。

突然，这个奇怪的家伙把多多高高地举过了头顶。多多大呼"救命"，随即人群里发出阵阵欢快的笑声。

"路易斯大叔，原来是你啊！"米娜终于发现面前的这个"庞大怪物"竟然是路易斯大叔。

　　"真是太刺激了！"多多兴奋地抢过路易斯大叔的怪兽面具，戴在自己的脸上，加入到狂欢的人群中。

　　原来科隆狂欢节的主角是小丑和狂人，怪不得他们装扮得如此怪异呢。在德国人看来，科隆狂欢节是德国最盛大也是最为疯狂的狂欢节。

　　"德国人太疯狂了，他们怎么设立这个节日的呢？"米娜好奇地问。

　　"古代的人们为了将冬季恶灵驱逐出城，便头戴面具上街游行，后来这种方式便流传了下来。"路易斯大叔说。

　　"这还不是节日的高潮，高潮是四斋节前星期一狂欢游行的愚人

时刻。虽然德国很多城市都举办狂欢节，但最疯狂的、规模最大的还是在科隆和杜塞尔多夫这两座比邻的城市。"路易斯大叔补充道。

"听说还有'女人狂欢节'，路易斯大叔，是真的吗？"米娜问。

"是啊，那可是女人们最疯狂的时候，'狂欢节'那天，男人们都不敢戴着领带上街，因为剪领带是科隆狂欢节的特有风俗。只要德国姑娘看哪个男人不顺眼，便会'咔嚓'一声剪掉他的领带。我前几年来德国时，就被姑娘们追赶着剪掉了领带，哈哈哈。"路易斯大叔一边表演一边说。

人们在狂欢节结束前的星期四庆祝"女人节"这个狂欢节中最高潮的活动。这一天，女人们可以成群结队地随意冲进市政大厅，没有人会阻挡你。然后她们可以闯入市长办公室，假装自己接管了市政权，这一女子夺权的闹剧被表演得惟妙惟肖，观众看得大呼过瘾。

最让多多喜欢的是那些儿童游行队伍，这些孩子身着光鲜亮丽的奇特服装，脸上被涂得五颜六色，看不出他们的真实容貌，但他们的眼神却是那样可爱而纯洁。

德国人在这三天尽情地释放自己的激情，所以狂欢节的三大要素就是吃喝、喧闹和化装。在德国各地的庆

祝活动中，科隆的观众人数也是最多的，有时候可以达到100万人。

当然，杜塞尔多夫的狂欢者们也不甘示弱，有时候他们会从车上向围观群众抛撒一万吨糖果，而游行花车上那些搞笑的国家领导和社会名流的模型更让围观群众兴奋不已。

这次的狂欢节，给多多和米娜留下了深刻的印象，让他们终生难忘。

来科隆旅行，当然不能错过科隆大教堂了。这座举世闻名的教堂是世界上最高的教堂之一。

走在教堂里，多多和米娜简直不敢相信自己的眼睛。"看那些高大的石柱，还有那些漂亮的彩色

玻璃。太神奇了。"米娜说。

"是啊，看到墙上那些雕刻了吗？简直跟真的一样。还有那些磨光的大理石，太气派了！"多多也赞不绝口。

"去塔顶看看吧！"多多央求道。这个时候路易斯大叔心情不错，很爽快地答应了。可是登上塔顶的那个铁楼梯太陡了，真有点"天梯"的感觉，米娜几次都吓得不敢再往上走。

"不要往下看，孩子们，勇敢点。无限风光在险峰。"路易斯大叔竟然也知道毛泽东的诗句，这让米娜非常佩服。终于登上了150米高的科隆塔顶。那天天气很好，能见度很高，整个科隆市的美景尽收眼底。

"看，那就是莱茵河，静静的流水中泊着几只游轮，远处的河水与天边的云彩融为一体。"米娜喊到。

"科隆真美啊，我真想跳进莱茵河洗个澡。"多多也笑着说。

看着周围远远近近、高低不同的建筑物，看着茂密的树林和静静的莱茵河，米娜又开始了浮想联翩。

科隆大教堂

　　科隆大教堂因其花费的建筑时间最长，又是尖塔教堂中高度最高的建筑而成为世界之最。这座哥特式建筑一共花了约600年的时间才完工。第二次世界大战时期，盟军轰炸科隆时，一批曾经被大教堂收留过的流浪汉们，冒着生命危险，抢救教堂四壁上镶嵌的一万多块玻璃壁画。这些流浪汉不分昼夜地奋战，当盟军的飞机在头顶响起时，没有一个人逃离，有几个流浪汉衣衫褴褛地悬在塔的外面，拆除最高层的壁画。这一幕感动了盟军飞行员，他们只是象征性地在其周围投了几枚炸弹。当整个科隆被夷为平地时，这座教堂却神奇地得以完整保存下来。

第10章

水上市政厅

一个晴朗的早晨，路易斯大叔带着他们坐火车去了位于德国巴伐利亚州的小城班贝格，这是一座历史和文化名城。班贝格虽小，却因其保存完整和独具特色的老城区而被列入世界文化遗产目录。

走过雷格尼茨河后，他们就到了古城。这里

到处都是历史建筑，罗马式的房屋，墙壁上各种各样奇特的雕塑让人叹为观止。

在这古朴典雅的小镇里行走，恍若回到了中世纪，多多甚至看到当年骑士的风采。而当他们走近水上市政厅时，都被眼前的景像惊呆了。高而尖的屋顶，城堡式的房屋，古老的钟表，这些都让这座市政厅看起来美轮美奂。

它建在穿城而过的雷格尼茨河上，通过两座桥与两岸相连，现在内部为班贝格博物馆。"这是真的吗？这座建筑不会被水冲走吧！这真像在湍急的河水中一只美丽的小船啊！"米娜想。

这时，多多突然在装饰得五彩缤纷的外墙壁上看到了一个孩子正在攀爬。多多担心极了，忍不住大喊："看那个孩子，快去救他，他会掉入水中的。救命啊，救命啊！"多多紧张地望着墙壁不停地喊叫。他一边喊着一边朝所指的方向奔跑。

"多多，你仔细看，那是一幅画，不是真的。"路易斯大叔笑

着追上他说，并让他看墙壁下面的一个将脚伸到墙外面的孩子。原来这真的是一幅画，孩子的头和身体在墙的画里，而脚却从墙上伸了出来，远远看去，好像是双真实的脚，这简直太逼真了。刚才多多竟然没有发现这里的奥秘。

好奇怪啊，墙上有的画看起来是画，而有的为什么看起来却像真的一样呢？

原来这正是建筑师的高妙之处，他不仅对外墙进行了彩绘，还别出心裁地将二维壁画创作为三维立体画。这样看起来壁画上的

人物就像活的一样，如此生动鲜活的壁画让米娜和多多佩服得五体投地。

　　现在的老市政厅已经成为博物馆，在博物馆中，米娜和多多看到了主教曾经用过的餐具和这个小城收藏的不同时期的各种瓷器。当然大部分瓷器都是从中国运到欧洲的。

　　"看这些神奇的象棋图，每一个棋子竟然都被雕刻成形，有将士，有士兵，还有精美的马车，真有创意啊！"米娜笑着说。原来这是为了让人们更好地了解象棋而设计的，真可谓独具匠心。

　　最让米娜和多多兴奋的，是看到了当年的德国女王，只见她手里握着金杖，正威风凛凛地站在市政厅旁边呢，她仿佛在热烈欢迎每一

个到这里来的人们。

他们继续在班贝格小城里闲逛，在一座教堂后面，竟然是班贝格监狱。

一个刚从监狱出来的犯人挡住了多多和米娜的去路，这个犯人用德语跟他们比划着，多多和米娜害怕极了。他们以为犯人要伤害他们，所以便试着从旁边跑开了。可是他们又陆续遇到很多犯人，米娜和多多感觉自己遇到了危险，一个年老的犯人突然抱住了米娜，多多使劲地将老人推开，老人一个趔趄，倒在了地上。路易斯大叔追了上来，向刚才那个犯人道歉。

原来这是当地圣诞节的习俗，每年到圣诞节，监狱的犯人们都可以得到特许走出监狱，在教堂附近品尝市民们捐助的烤香肠和啤酒。这对于米娜和多多来说，还真是第一次听到。原来刚才的几个犯人都想表达对外国人的友好，而多多和米娜却误解了他们的意思，他们对自己在教堂的做法深表歉意。

第11章

最刺激的滑雪大冒险

"去滑雪了，快起床啊！"一大早路易斯大叔便向两个孩子喊道。

"滑雪，去哪里？真的吗？"听到要去滑雪，米娜赶紧坐了起来。

"我们今天去德国中部地区的哈尔茨山脉，那可是德国著名的旅游胜地，那里的景色很美，保证让你们满意。"路易斯大叔信誓旦旦地说。

德国的交通非常便利，这次他们选择坐火车去目的地。到了那里，一望无际的茫茫白色让米娜惊呆了。

"最高处是布罗肯山，海拔高度为1142米。夏季时，这里是绿色的海洋，绿树鲜花是整个山脉的主色调。"路易斯大叔说。

　　起初路易斯大叔为他们准备了滑雪板，这是最简洁和安全的玩法。可是多多感觉不刺激，于是他偷偷地换掉滑雪板，准备像其他年轻人一样去做真正的冒险者。他租来滑雪道具，准备从最高处俯冲下来。他喜欢这种飞一样的感觉。

　　尽管路易斯大叔非常不赞成他这样做，但多多还是实现了自己的愿望。

　　"我会小心的，放心地给我拍照吧，路易斯大叔。"他做了个鬼脸说。

　　多多开始滑得的确很酷，米娜都有些嫉妒了。他像小鸟一样轻轻向下俯冲，茫茫的白色中是他勇敢的身影。可是持续没多长时间，只见多多身子一晃，重重地摔了下去，滑雪杆被甩出去几米远。

　　路易斯大叔和米娜看到后，赶紧跑到多多的跟前，看他是否摔伤。

　　只见多多闭着眼睛，一动不动，这可把路易斯大叔和米娜吓坏了。就在路易斯大叔准备呼叫人时，多多从雪地上骨碌一下站了起来，拍了拍身上的雪，笑着说："哈哈哈，刚才我是逗你们玩呢，这一跤不算什么，我是一个勇士啊！"

　　路易斯大叔严肃地说："幸好没造成什么严重的后果，但是，多多，以后再不能做这样危险的事情了。"

　　"以后我再也不敢了。"多多不好意思地对路易斯大叔说。

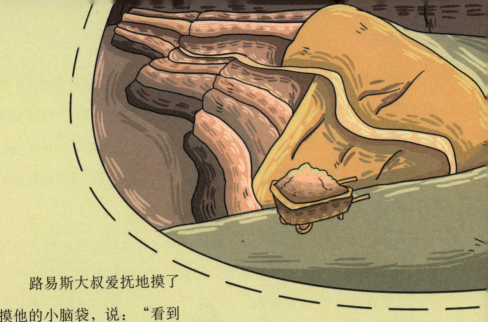

　　路易斯大叔爱抚地摸了
摸他的小脑袋，说："看到
前面那一圈栏杆围起来的地方了吗？那里是一大片沼泽地，如果不被
积雪掩盖的话，我们还可以看到那里的水还是清澈透明的。但下雪的
时候，人们就会在周围设置一些栏杆，防止发生危险。"

　　"这是什么地方呢，这么可怕？"多多问。

　　一个当地人给他解答说，这里是德国著名的拓夫屋，几百年前，
德国的祖先曾在这里建屋，打算开采泥炭作为燃料。可是因为高山运
输的难题，最后不了了之，所以这里的自然环境就被保存了下来，这
是欧洲少有的高山沼泽区。

　　望着那些巍峨的山峰和狭长的山谷，多多有些后怕。

滑雪结束后，他们还去了山区内最最古老的奎德林堡小镇，小镇的建筑大多是二三百年前的小木屋，看起来非常古朴可爱。镇子里有各种各样的教堂，他们还去了富丽堂皇的奎德林堡大教堂。最让他们吃惊的还是"亨利希·海涅"旅馆，这座像"欧罗巴"号邮船的旅馆简直就像天堂，里面的豪华和气派让人过目难忘。

如果你想体验窄轨蒸汽火车的话，一定要来这里啊。回去的时候，他们坐上了这种古老而让人充满幻想的蒸汽窄轨火车。

火车在冰天雪地里蜿蜒而行，是不是很像童话里的世界呢？

第12章

陶瓷之乡

麦森是一座历史悠久的小城，这里随处可以看到许多中世纪的古老房子，这里是世界著名的陶瓷和美酒之乡，这个小镇虽然不大，却因为陶瓷而驰名世界。

中国代表团曾称赞麦森为"中国的景德镇"，因为它不仅是欧洲陶瓷的发源地，而且其陶瓷制作已有300多年的历史，被誉为"瓷中白金"。

当地人非常严谨，虽然陶瓷技术源于中国，但他们却绝不仅仅

只是模仿，而是不断创新，不断改进，从而烧制成了一种集巴洛克风格与现代风格于一体的德国陶瓷。

来到这里，多多和米娜被许多典型的哥特式建筑所吸引，那些古老的建筑显示出德国的历史和沧桑。

多多和米娜很幸运地来到了麦森陶瓷博物馆，麦森陶瓷种类有23万种之多，很多都是艺术史上价值连城的珍宝。

看着这些装饰和做工都很精美的瓷器，米娜想到了中国景德镇的瓷器。

"德国瓷器一定是仿制中国的，你看很多地方都很相似，包括制作的过程。"米娜说道。

"是啊，13世纪的时候，欧洲贵族就迷恋中国的瓷器。为了解决财政危机，当时普鲁士国王腓特烈大帝派研究炼金术的贝特格去炼金，可是贝特格害怕炼不成金子会被杀头，便偷偷逃到了德国萨克森。而萨克森的统治者知道他是炼金师后，便让他去研究陶瓷制作方法。"路易斯大叔说。

"那后来呢，炼出来了没有？"多多迫不及待地问。

后来他被囚禁了3年，为了活下来，他在高温的地牢中，不断实践、尝试、努力分析，功夫不负有心人，他终于烧出了白色透明的瓷片，破解了中国制瓷秘方，从此欧洲有了自己的瓷器，这便是欧洲瓷器最早的来源。

后来萨克森国王害怕别人知道这种制作方法，便悄悄将工厂迁到了现在的麦森。而麦森瓷器厂也成了欧洲最早的瓷器制作地。

多多和米娜在麦森瓷器博物馆里看到了各种各样精美的瓷器，这让他们爱不释手。

麦森的瓷器几乎全是手工制作，制作程序非常严谨，加上德国人的认真，所以麦森瓷器成了世界著名的品牌。

米娜被一个精美的瓷花瓶吸引住了，这个白色的花瓶上装饰着各种淡雅的花，花瓶瓶口处有两个可爱的欧洲小孩，其中一个小孩光着屁股在瓶口处爬，手里还拿着一朵小花，看起来美丽而又温馨。而另一个小孩则坐在花瓶上微笑着，看起来幸福而快乐。

米娜忍不住用手摸了一下，瓷器光滑而细腻，摸起来像一条绸缎。

天哪，这些瓷器要花费工人们多少心血啊！这些瓷器上装饰的小东西，几乎都是手工制成，这简直太伟大了。

"你们大概不知道吧，孩子们，这里是自己培训工人的，他们有自己的培训手段和方法，工人往往需要培训十年左右才能真正从事瓷器制作。"路易斯大叔笑着说。

路易斯大叔的话让多多和米娜大吃一惊，怪不得这些瓷器如此完美呢！

在瓷器工厂参观，米娜和多多见识了整个瓷器的制作过程。看着那些工人们如何倒模、绘画、上颜色，他们感觉既新鲜又神秘。原来瓷器

的原料是高岭土，一般由高岭土和正长石、石英混和而成，表面要涂上一层玻璃质的釉。瓷器最重要的是要高温焙烧，温度大概在1200℃左右。而麦森瓷器有不同的的模具，通过模具倒模制成，上面的装饰一般由人工添加。有些复杂的瓷器要经过几个月的时间才能完成。

麦森陶瓷博物馆有数以万计的瓷器，在陶瓷博物馆内，每一件瓷器都充满梦幻般的色彩，一些高贵的艺术品，他们只能远远地观看。不过能看一眼，他们已经很知足了。

"这里真不愧是欧洲瓷器之乡啊！"米娜感慨道。

是啊，这里不仅瓷器闻名，而且景色也很优美。易北河里倒映着一座座庄严而古老的城堡，河水泛着细碎的波纹。这个哥特式建筑的城堡作为瓷器加工厂，可谓集天地之精华。

望着周围高大而神秘的教堂，看着所经之处的风景，多多和米娜轻轻闭上了眼睛，他们想再感受一下这个小城的厚重和安静。

　　他们在教堂钟塔上看到了37个瓷器小钟，这些小钟可爱极了，可以演奏出六种不同的调子，每天在六个不同时间奏乐，很多游客都喜欢来听清脆悠扬的钟声。

　　看着碧蓝的天空，听着悠扬的钟声，回想着刚才看到的那些精美的瓷器，多多和米娜躺在草坪上久久不想离开。

第13章

神秘黑森林

　　喜欢玩《摩尔庄园》的米娜听说德国的黑森林后，便一直吵着要去看看。对于米娜来说，这座黑森林就像一个黑色的诱惑一样，让她充满好奇和幻想。

　　吃过早饭后，路易斯大叔宣布了一个激动人心的消息，他们要

向黑森林进发了，这个消息让米娜乐开了花。

黑森林位于德国西南部的巴登—符腾堡。在连绵起伏的群山间，覆盖着茂密的参天大树。林中的河流轻轻地唱着歌穿行，大大小小的村镇星罗棋布。

"为什么叫黑森林呢？"米娜不解地问。

"黑森林里有很多的冷杉树，从莱茵河平原望过去，漫山遍野都是树，因为树叶绿得发黑，所以远远望去就是黑压压的一片。黑森林因此得名。"路易斯大叔说。

林间小道上仿佛铺着一条绿色的大地毯，密密匝匝的树木像一个个巨人般伸着手掌，仿佛在欢迎他们的到来。

"看这些美丽的小花。"米娜边说边摘了一朵插在了头上。

幽静的林间小道，到处是鸟语花香，米娜完全陶醉了。几只小鹿在河边静静地喝水，偶尔用那双美丽而水汪汪的大眼睛望着多多。多多忍不住跑过去想拥抱它们，可是小鹿们见到他却跑开了，也许它们不喜欢被人打扰。

看来很多童话故事，像《小红帽》等都来自于黑森林是有道理的。他们小心翼翼地在林中行走，走着走着，他们突然看到一面绿色魔镜。

"天哪，快看，绿色魔镜，是《白雪公主》中皇后的魔镜吗？"米娜夸张地大喊。

"这是黑森林内部的天然湖泊——滴滴湖，就像黑森林的绿色眼睛，非常迷人。"路

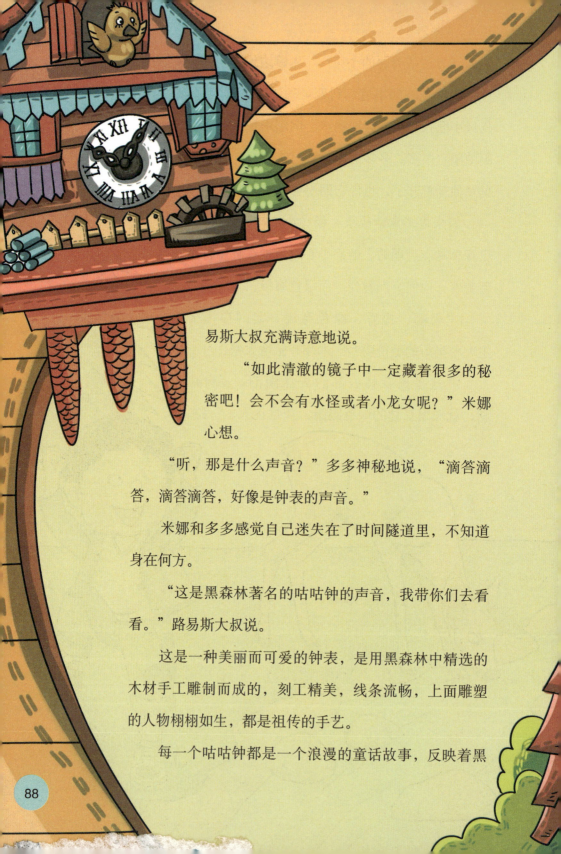

易斯大叔充满诗意地说。

"如此清澈的镜子中一定藏着很多的秘密吧！会不会有水怪或者小龙女呢？"米娜心想。

"听，那是什么声音？"多多神秘地说，"滴答滴答，滴答滴答，好像是钟表的声音。"

米娜和多多感觉自己迷失在了时间隧道里，不知道身在何方。

"这是黑森林著名的咕咕钟的声音，我带你们去看看。"路易斯大叔说。

这是一种美丽而可爱的钟表，是用黑森林中精选的木材手工雕制而成的，刻工精美，线条流畅，上面雕塑的人物栩栩如生，都是祖传的手艺。

每一个咕咕钟都是一个浪漫的童话故事，反映着黑森林里居民们的日常生活，是不可多得的艺术品。大多数咕咕钟设计成黑森林里小木屋的样子。更神奇的是，每到半点或整点时，小木屋上面的小木窗就会自动打开，里面会蹦出一只神秘的布谷鸟，接着人们会听到它"咕咕"的报时声。

"价格很贵吧？"米娜很想买一个带回去。

"是啊，有的要数千甚至数万欧元，最便宜的也要30欧元。"路易斯大叔说。

见米娜特别喜欢，路易斯大叔还是很慷慨地为米娜买了一个50欧元的咕咕钟。看着米娜爱不释手的样子，多多和路易斯大叔都笑了。

来到黑森林，如果不品尝这里著名的蛋糕，那简直太遗憾了。米娜和多多是第一次吃到这种精美的蛋糕，他们没想到，天下竟然有如此美味的甜点。

"我吃到了樱桃味，真好吃啊！"米娜说。

原来这种蛋糕是用黑森林特产的樱桃、樱桃汁和樱桃酒做成的，当然，蛋糕师傅还使用了一些黑色巧克力。白色的奶油像白雪公主的皮肤，黑色的巧克力像黑森林的颜色，奶油上的樱桃让人想到《小红帽》。连蛋糕都像童话，这让米娜和多多佩服得五体投地。

第14章

住在太阳船里的人

"你们想不想去见识一下住在太阳船里的人。"路易斯大叔问。

"非常想，路易斯大叔，快带我们去吧！"米娜和多多几乎异口同声地说。

从黑森林出发，一直开车到森林南部的最西端，便是位于德国西南边陲、靠近法国和瑞士的弗莱堡。弗莱堡是德国巴

登-符腾堡州的一座城市，这里因瓦邦社区而闻名于世，被称为德国的最"绿"小镇，林地面积占全市总面积的43%。

"太阳船在哪里，快带我们去看吧！"米娜迫不及待地叫道。

车子向弗莱堡的南部方向行进，米娜突然大喊起来："看那些圆形的大建筑，那就是太阳船吧？"

"是啊，这是世界上第一座可以旋转的太阳能屋——向日葵屋。"路易斯大叔回答道。

"向日葵屋，真浪漫的名字啊！因为它能像向日葵一样随着太阳旋转而得名的吧？"多多接着问道。

路易斯大叔笑着说："这是欧洲最先进的太阳能住宅小区之一，曾被评为'德国最美丽的住宅区'。从空中看，这座依山而建的建筑群仿佛绿林中的一艘船，所以设计者称之为'太阳船'。这个设计者叫罗尔夫·迪斯。"

　　眼前的一切让米娜和多多目瞪口呆。这个奇特的"向日葵屋"有四层楼高，每层都有太阳能电池板和发电装置。

　　这时，多多和米娜感觉房子开始动了起来。"天哪，像是地震了，房子竟然摇动了，快跑！"米娜吃惊地大喊。

　　"哈哈，孩子们，你们看，房子会随着太阳移动，这样它才能得到充足的太阳能。"路易斯大叔解释道。

　　"太神奇了，感觉像我去过的旋转餐厅一样。"多多说。

这个只有5000人的小小社区，却有如此大的能量，据说他们还将能源卖给政府呢，真有意思啊！原来，这里几乎所有的建筑都安装了太阳能板，深蓝色的太阳能板是这里最耀眼的标志。

但居民屋顶上的电池板不是给自己用的，而是供给到城市供电系统，并从中获取收益。每年他们靠自己屋顶上的太阳能板能挣到6000欧元呢。哈哈，这真是一笔划得来的收入啊！这里的小区简直是世界上最环保的社区，这里的人们的环保理念堪称一流。

"我怎么没有看到汽车呢？这里的人们很穷吗？"多多不解地问。

原来在瓦邦小区内，70%的居民没有私家车，出行主要靠自行车和有轨电车，基本实现了无汽车出行。这真是一个绿色城市啊！

欧洲一般居民家庭用电量大约为每平方米一年220度电，而弗莱堡市居民建筑的平均用电量还不到其四分之一呢。为了减少碳排放，

这里的热电站烧的不是煤，而是碎木屑。

"他们是怎样做到省电的呢？"多多很感兴趣地问。

"他们住宅的墙壁内有30厘米的泡沫夹层，这起到了隔音、保暖和隔热的功效，窗户是三层密封玻璃，墙壁内有一条烟道直通屋顶，既可以使空气流通，又可以保持屋内夏凉冬暖。"路易斯大叔说。

看来这里处处都是科学啊！而生活中的科学更让米娜和多多感到神奇。

"如果每个国家都能像这里一样，那我们的资源就永远不会枯竭。"米娜说。

"是啊，如果环保理念被用到各行各业，如果人人都能懂得环保的重要性，那么我们的地球就不会哭泣了。"多多若有所思地说。

如何做到绿色环保？

　　德国是当今世界上环境保护工作做得最好的国家之一。德国专家们打破常规，大胆创新，在研究设计太阳能住宅方面取得重大的成就。德国弗劳恩霍夫太阳能研究所设计的太阳能住宅，是一座先进的太阳能建筑，这座建筑采用了北极熊的仿生技术。其实北极熊的毛发是透明的，不是白色，是中空的，所以可以利用北极熊的原理做仿生学的技术。这个技术前面是一个玻璃道关，后面是一个蓄热层，同样是利用太阳在冬季和夏季入射角度的不同。冬季入射角度比较低，可以利用；夏季比较高，可以反射掉。

第15章

童话大道

　　"孩子们，今天我要带你们去真正的童话世界转转。"路易斯大叔总是能给他们带来无限惊喜。

　　"真正的童话世界，不会吧，路易斯大叔？你要带我们去格林童话中的世界吗？"米娜有些怀疑地问。

　　"是啊，在哪里啊？不会是你编出来的故事吧？"多多也开始质疑。

97

"你们真的不知道德国著名的童话大道吗，那可是《白雪公主》、《小红帽》、《睡美人》等作者的故乡。"路易斯大叔的话让米娜和多多兴奋得尖叫起来。

原来德国北部有一条以著名童话作家格林兄弟诞生的城镇背景为脉络的童话大道。第二次世界大战后，德国政府为了纪念格林兄弟，于是建成了现在这条长达600千米的童话大道，这条童话大道展现了德国著名童话大王格林兄弟从出生、成长到求学的全部历程，另外还有他们在各城镇收集到的民间传说的背景地点。

"我们去体验现实版的格林童话，真是太妙了！"多多忍不住说。

他们首先要去的是格林兄弟的出生地——莱茵河畔的哈瑙，这是童话大道开始的地方。满脸笑容的米娜和多多像两只刚出笼的小鸟，欢呼雀跃地跟在路易斯大叔身后。他们在哈瑙市广场见到了格林兄弟的纪念铜像。铜像上，站着的是哥哥雅各布，坐着看书的是弟弟威廉。

"知道吗，孩子们，格林兄弟感情非常深厚。因为弟弟身体不好，哥哥害怕弟弟劳累，便常常让弟弟坐着，而自己却站在一旁。"路易斯大叔的话让他们对格林兄弟肃然起敬，多么深厚的兄弟情啊！

二战的时候，哈瑙遭到盟军空袭，很多建筑物都被炸毁，但这座铜像却奇迹般地完整保存了下来。

参观完哈瑙，他们去了建于18世纪的菲力普斯鲁尔城堡。城堡的一楼是格林兄弟的展览厅。在展览厅的墙上，他们看到了自己非常喜爱的《灰姑娘》、《白雪公主》、《小红帽》、《青蛙王子》等童话故事的画作，这里便是《小红帽》的故乡。童话般的小路蜿蜒曲折，清幽静谧地让他们感觉自己正在童话的世界中游览。

接着他们去了童话大道的第二站——卡塞尔。在这里，他们首先去巴洛克式的高地公园游览了一圈，看到了大力士铜像，欣赏了著名的人造瀑布和狮子堡。在这里他们还看到了格林兄弟当年创作的情景，在格林兄弟曾经住过的小屋里，他们有幸看到了兄弟两人当时珍贵的手迹，原来那些美丽的童话就是这样创作出来的！

在赖因哈尔特森林里的沙巴堡宫殿里，多多和米娜惊喜地看到了沉睡中的睡美人。等他们来到哈默恩时，好像来到了老鼠的世界。这里到处都是以老鼠为造型的纪念品和糖果。路易斯大叔还带他们去参观了著名的"捕鼠人传奇"之城。

在这座充满童话魔力的城市里，米娜和多多突然想起了《米老鼠和唐老鸭》，这里的老鼠非常可爱，形态各异，完全没有现实世界中老鼠的可恶模样。"童话中的世界也就如此吧！"米娜想。

最后他们来到了童话大道的最北站不来梅。

"看那个雕像，是《不来梅城市音乐家》吧！"米娜兴奋地叫道。

童话故事中的那些驴、猫、野狗等，虽然年老力衰，却组成了不来梅乐队。在经历重重考验后，最终实现了自己的梦想。看着这个雕像，故事中的情节一点点出现在眼前。

路易斯大看着那么认真的两个孩子，不得不狠心地一再提醒，时间已经很晚了，该回去了。这时，两个孩子才发现此时夕阳已经落下了。整个童话大道灯火辉煌，如梦如幻，如诗如画，如果可能的话，他们真的还想重新穿越这条大道。

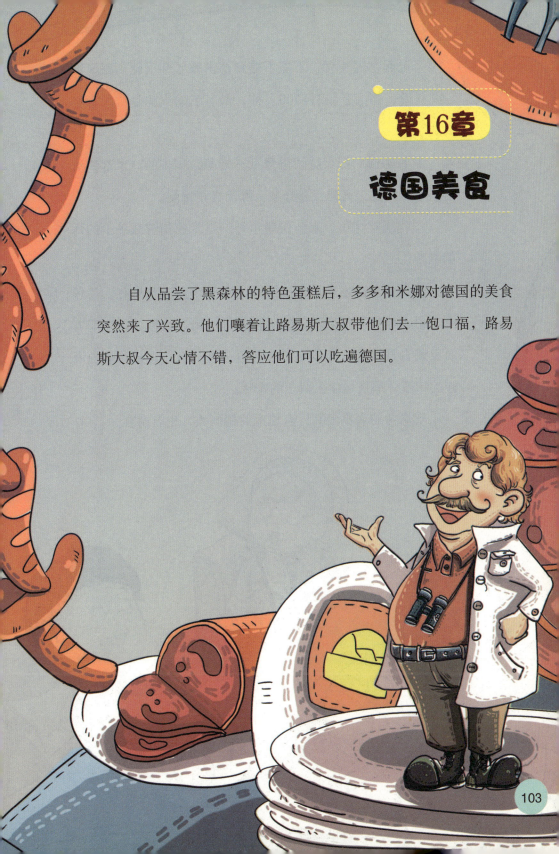

第16章

德国美食

　　自从品尝了黑森林的特色蛋糕后，多多和米娜对德国的美食突然来了兴致。他们嚷着让路易斯大叔带他们去一饱口福，路易斯大叔今天心情不错，答应他们可以吃遍德国。

说起德国美食，不能不提到德国香肠和火腿。路易斯大叔说，德国香肠有1500多种，最有名的火腿是"黑森林火腿"。

　　看着师傅们把火腿切得像纸一样薄，多多的口水都快流出来了。面包、火腿、卷心菜，那简直是绝配。

　　"我想吃烤鱼，来一份烤鱼吧。"米娜指着热乎乎的烤鱼说。

　　德国烤鱼散发着浓郁的香味，各种烤鱼应有尽有。烤鱼摊主耐心地将烤鱼剖开，然后将刺挑出来，这样就可以配着面包或者直接拿着烤鱼吃了。烤鱼又香又脆，还带着德国海洋的味道，那真是让人留恋的香味。

　　吃烤鱼的人真多啊！有地道的德国人，也有游客。

　　看着吃得满嘴流油的米娜，多多也忍不住要了一份，路易斯大叔当然也不会错过这上等美食。烤鱼如果配上土豆和蔬菜，那更是美味十足。德国人很喜欢土豆，这里关于土豆还有一个有趣的故事呢。

　　最初的时候，德国人把土豆误认为是一种水果，有一次一户农家不小心失火，那些来不及抢救出来的土豆被烤熟了，这家人竟然发现熟土豆比生的好吃，于是这家人便爱上了熟土豆。后来附近的许多农户也都学着拿熟土豆当饭吃。所以现在德国人会把土豆做成土豆羹、

土豆泥、土豆饼等等。如果烹饪时加入些调料，那更是上等美味了。

正在他们吃得津津有味时，一个德国人过来要了一整个猪后腿，在极短的时间里，他便将一个烤得烂熟的猪后腿消灭得一干二净，真是太厉害了！原来这就是著名的德国烤猪手，起初多多以为烤猪手烤的是猪蹄，后来才发现原来是猪后腿。

下午的时候，路易斯大叔带着两个孩子来到了慕尼黑的一家著名餐厅，看着客人们大口地喝着著名的德国啤酒，大口吃着烤猪手，多多和米娜羡慕极了。路易斯大叔要了一大杯啤酒，多多要了一份正宗的烤猪手，米娜则对土豆沙拉、土豆包子和德国特有的扭

结面包更感兴趣。这种面包又硬又咸，不过越嚼越香，如果配上啤酒就更好了。

　　"路易斯大叔，你喝酒后怎么开车啊？"米娜担心地问。

　　"哈哈，你们不知道吧，这是一种专门为司机定制的啤酒，里面不含酒精，但味道却和啤酒一样，不信你们尝尝看。"路易斯大叔说着给多多和米娜各倒了一杯。

　　多多喝了一大杯，"真是太舒服了，好喝，再来一杯！"他边喝边说。是啊，不含酒精的啤酒，德国人想得真周到啊！

　　之后，路易斯大叔还特意为两个孩子点了一份奇怪的大餐，其中有冰淇淋、沙拉和鸡尾酒等，米娜和多多感觉这里的东西味道很新奇。正在他们吃得兴奋的时候，路易斯大叔却说这是著名的"蛆大餐"，是这家餐厅著名的主打菜。米娜恶心得将口里的东西都吐了出来，多多也恨不得把肠子洗干净。他们吓得赶紧跑出了这家餐厅，生

怕这些恶心的蛆会跟上来。

路易斯大叔随后也跟了出来，立即递给他们一包薯片。米娜和多多吃了几片，觉得香脆可口，味道有点像果仁，这时才感觉舒服一些。可是后来才知道这也是"蛆大餐"里的一种，油炸蛆。哎，可怜的两个孩子还是都吐掉了。

路易斯大叔又带他们品尝了著名的欧洲盘羊餐，这种小羊肉非常鲜

嫩，吃起来松嫩爽口。看着各种各样诱人的美食，多多和米娜还想去品尝。可是多多已经开始打饱嗝了，路易斯大叔也撑得走不动了。

"不能再吃了，我都要撑爆了。"米娜边吃边喊。

"呵呵，吃了那么多，相信你明天就会变成一个胖丫头的。"多多打趣道。

第17章

柏林文化节

马上就要回国了，米娜和多多有些舍不得。这趟德国之行，让他们感触颇多。在回国之前，路易斯大叔打算让他们再去参加一次柏林文化节，去感受一下世界各地不同国家的文化特色。

对于柏林的印象，源于它的电影节。通过电影节，多多知道了金熊奖，也知道了熊是柏林人的最爱。

这次来到柏林，他们才发现这里到处是熊的世界。无论是玩具、雕塑还是纪念品都与熊有关。

看着这些憨态十足的熊宝宝们，多多马上想到了可爱的泰迪熊。而米娜则笑着说："多像《熊出没》中的熊大和熊二啊！真是太可爱了。"

来到柏林，首先要去亚历山大广场，在这个广场上，屹立着368米高的观景电视塔和旋转餐厅。如果是晚上的话，电视塔的美丽光晕会让你恍若置身在梦幻般的世界中。

"这是什么建筑啊，这么气派。"米娜问。

"这就是勃兰登堡门，这是柏林的著名标志。"路易斯大叔说。

"可是听爸爸说，勃兰登堡门不是在第二次世界大战中被严重损坏了吗，门顶上的战车和女神不是被炸毁了吗？"米娜又问。

"是啊，德意志民主共和国成立后，在1956—1958年又全面修复勃兰登堡门。文物修复专家

通过二战时拓下来的石膏模型和一些重要的档案照片重新复原了这些雕像，所以我们现在才能看到。"路易斯大叔解释道。

"那个圆形的大厦是什么，看起来好神奇啊？"多多问。

"这是德国的国会大厦，它有着可以行走的圆形玻璃顶，你们敢上去试试吗？"路易斯大叔笑着问。

喜欢冒险的多多当然不能错过这个机会，但是走到屋顶后，他开始后悔了。别无选择，他只能硬着头皮往前走，他边走边想：这哪里是在走路啊，感觉自己一不小心就会坠入万丈深渊。他只能眯着眼睛小心翼翼地向前移动，米娜可不敢走。她站在原地不动，就已经吓得魂飞魄散了。

来到柏林，最不能错过的就是柏林文化狂欢节了。它被认为是"全球最富盛名的十大狂欢节"之一。文化节这期间，来自不同国家不同民族的人们汇集一堂，来庆祝这场文化盛典。

每年的狂欢活动都会吸引几百万游

客，人们慕名而来，加入到这场盛大的狂欢中，感受着节日的热烈气氛。游行是狂欢节的一大亮点，在游行会上将展示80多个国家的特色文化。

在这条一眼望不到边的街道上，多多和米娜几乎看到了所有国家的特色文化。

"看那是中国的腰鼓和舞龙，我妈妈就会打腰鼓。"米娜兴奋地喊道。

"看那个长鼻子怪物，看起来好恐怖啊，还有他身上长满了羽毛，像一只大鸟，好像要飞起来似的。"多多说。

各种热情洋溢的舞蹈，各种美妙动听的歌曲，多多和米娜虽然听不懂，却能感受到人们的热情奔放。

路易斯大叔竟然忍不住跑到狂欢队伍中跳起了桑巴舞，惹得多多笑得前仰后合。

非洲人的热情，亚洲人的含蓄，欧洲人的优雅，柏林的街道成了体现世界不同文化

的舞台。

"他们很多人手里都拿着啤酒，高兴时就喝一口，真的很有意思。"米娜说。

克罗伊茨贝格区是柏林最大的多民族聚居区，这里有来自世界各地不同民族的人们。每年的狂欢节是他们展示自己民族文化的最好时节，通过展示，让人们了解到不同民族的特色。

"文化节，真好啊，我今天学到了很多书本上学不到的东西。"多多骄傲地说。

看着这些狂欢的人群渐渐走远，多多和米娜忍不住又跟了上去。

来德国半年多了，米娜和多多感觉自己快成了地道的德国人。看来要想了解一个国家，必须真正融入这个国家，不断去了解这个国家的地域和文化特色。

狂欢节

  狂欢节，起源于欧洲的中世纪，在欧美地区比较盛行。许多国家都有传统的狂欢节庆祝节目，常见的有化装舞会、彩车游行和宴会等。世界上最有名的是巴西狂欢节，其中最为热烈、紧张和欢快的，就数桑巴舞了。每年2月下旬，号称"地球上最大聚会"的巴西里约热内卢狂欢节总会如期进行。意大利威尼斯狂欢节则是世界上历史最悠久的狂欢节之一。西班牙、英国、德国等国家的狂欢节也不甘示弱，比如德国科隆狂欢节就因其热闹程度和扮相怪诞，举止行为无所顾忌的小丑和狂人主角而被世人所称赞。

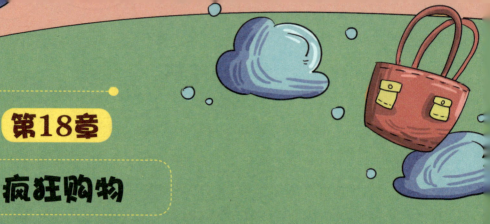

第18章

疯狂购物

来到德国，如果不带点纪念品回去，那简直太遗憾了。一大早，多多和米娜便缠着路易斯大叔带他们去了购物市场。

德国的购物中心真多啊，一不小心你就会迷失在琳琅满目的商业街中。来到德国，响当当的德国刀具千万不可错过。德国的刀具世界闻名，锋利无比，而且价格合理，但是管制刀具是不允许带出境的。

在一个刀具店，店家正向顾客介绍着刀的用途，无论是刀子的锋利性，还是它的结实度，都让人赞叹不已。看着这些光闪闪的刀具，多多不禁佩服起德国人的精湛技艺。多多选了一套打算送给喜欢做菜的妈妈，看着这些铮亮的不锈钢刀具，多多心想，妈妈一定会非常喜欢这个礼物的。

他们来到选帝侯大街，大街从纪念教堂一直延伸到柏林西部别墅区起点的瀚蓝湖。多多和米娜在一个个百货商店和服装店里穿行，这里可是购物者的天堂。

米娜看中了一条巴伐利亚风格的德国长裙。她穿着长裙走来走去，像一个美丽的公主，突然一不留神，长长的

裙摆把她绊倒了，她倒在地上不好意思地望着大家，周围的人都被她可爱的样子逗得哈哈大笑。米娜太喜欢这长裙了，决定买一条带回去。

在维滕贝格广场上的西方百货大楼里，展示着丰富多彩的国际最新设计的品牌商品。而最让多多和米娜感兴趣的是那些小饰品和瓷器。

各种各样的木质玩具让米娜不知从哪一个下手，干脆每样来一个。天啊，米娜真是购物狂啊，短短几分钟，便选了几十种不同的木质玩具。什么咕咕钟啊、城堡啊、钟表啊，看着米娜大包小包、累得气喘吁吁的样子，一旁的多多忍不住偷笑起来。

在购物方面，多多还是比较理智的，精挑细选。这时他发现一块奇怪的石头，这块石头看起来很神奇，就像在波罗的海旁边见过的鸡神石，上面有很多窟窿，后来卖主介绍说这就是鸡神石。传说把鸡神石放在鸡窝里，鸡可以多下蛋，而且这样的石头是千万年前墨鱼的化石，可以给人带来好运气。多多一下子买了好几个，甚至忘了讨价还价。

"看这些稀奇古怪的啤酒杯，我要带一个送给爱喝酒的爷爷。"米娜边说边挑了一个造型美观的木制啤酒杯。

　　这时多多调皮地把一顶巴伐利亚风格的帽子戴在了路易斯大叔头上，路易斯大叔摇身一变，成为一个地道的德国人。

　　"真帅啊，买一顶吧，路易斯大叔。"米娜建议道。"好吧，听你们的。"路易斯大叔爽快地付了钱。

　　"回去吧，孩子们，这些礼物已经足够多了。"路易斯大叔提议。虽然多多和米娜还没有尽兴，但这次也只能到此为止了。

　　明天，就要离开这个让人留恋的城市了，感觉真的舍不得。期待下次还能来这里。